Heróis da Humanidade
Thomas Edison

Ciranda Cultural

Dados Internacionais de Catalogação na Publicação (CIP) de acordo com ISBD

B921t	Buchweitz, Donaldo
	Thomas Edison / Donaldo Buchweitz; ilustrado por Eduardo Vetillo. - Jandira, SP: Ciranda Cultural, 2022.
	24 p. : il.; 25,00 cm x 25,00 cm. - (Heróis da humanidade – edição bilíngue)
	ISBN: 978-65-261-0036-3
	1. Literatura infantojuvenil. 2. Gênio. 3. Herói. 4. Biografia. 5. Invenção. 6. Inventor. 7. Lâmpada. 8. Bilíngue. I. Vetillo, Eduardo. II. Título. III. Série.
2022-0596	CDD 028.5 CDU 82-93

Elaborado por Lucio Feitosa - CRB-8/8803
Índice para catálogo sistemático:
1. Literatura infantojuvenil 028.5
2. Literatura infantojuvenil 82-93

© 2022 Ciranda Cultural Editora e Distribuidora Ltda.
Produção: Ciranda Cultural
Texto @ Donaldo Buchweitz
Ilustrações: Eduardo Vetillo
Preparação de texto: Karina Barbosa dos Santos
Revisão: Maitê Ribeiro e Lígia Arata Barros
Versão e narração em inglês: Melissa Mann

1ª Edição em 2022
www.cirandacultural.com.br
Todos os direitos reservados. Nenhuma parte desta publicação pode ser reproduzida, arquivada em sistema de busca ou transmitida por qualquer meio, seja ele eletrônico, fotocópia, gravação ou outros, sem prévia autorização do detentor dos direitos, e não pode circular encadernada ou encapada de maneira distinta daquela em que foi publicada, ou sem que as mesmas condições sejam impostas aos compradores subsequentes.

Heróis da Humanidade
Thomas Edison

Ouça a narração em inglês:

Thomas Edison nasceu em 1847, em Milan, Ohio, nos Estados Unidos. Era o mais novo de sete irmãos e, embora tenha vindo ao mundo com apenas uma pobre provisão à sua espera, foi recebido com uma riqueza imensa de amor e ternura.

Thomas Edison was born in 1847 in Milan, Ohio in the United States. He was the youngest of seven siblings and, although he came into the world with limited prospects, he was welcomed with boundless love and affection.

Agitado, ele queria fazer tudo o que via os outros fazerem. Considerado uma criança difícil de lidar na escola, a mãe, ex-professora, decidiu educá-lo em casa. Ela percebeu que Thomas tinha uma mente perspicaz e estava sempre pronta para explicar as coisas ao filho.

He was restless and always wanted to do everything he saw others doing. He was hard to handle in school, so his mother, a former teacher, decided to homeschool him. She noticed that Thomas was sharp and she was always ready to explain things to her son.

Aos 11 anos, Thomas Edison sentiu que precisava ganhar dinheiro para ajudar a família. Passou, então, a vender doces nos trens que circulavam entre Port Huron e Detroit. Ele logo percebeu o interesse das pessoas por notícias sobre a Guerra Civil Americana, então comprou alguns tipos antigos, uma impressora e rolos de tinta, e passou a fazer o próprio jornal.

At age 11 Thomas felt he needed to earn money to help the family. He began selling sweets on trains that ran between Port Huron and Detroit. He soon noticed that people were interested in news about the American Civil War, so he bought some old typesetting letter blocks, a mechanical printer and ink roles and began producing his own newspaper.

Apesar do período difícil por causa da guerra, o negócio de Thomas nos trens cresceu tanto que ele contratou quatro meninos para ajudá-lo. Seu jornal, do tamanho de um lenço feminino de bolso, era considerado melhor do que vários editados por adultos e ganhou muitos leitores.

Despite it being a difficult time because of the war, Thomas' business on the trains grew so much that he hired four boys to help him. His newspaper, the size of a woman's handkerchief, was considered better than many of the newspapers edited by grownups, and his readership grew.

Então, ele comprou alguns produtos químicos e, nos momentos de folga, começou a fazer experimentos em um canto do vagão de bagagem. Porém, um balanço forte do trem derrubou uma garrafa que continha fósforo, causando um pequeno incêndio. Furioso, o maquinista jogou o menino, a prensa, as garrafas e todo o restante para fora do trem.

He then bought some chemical products and, in his free time, started experimenting in a corner of the baggage car. But at one point the train shook, spilling a bottle containing phosphorus and causing a small fire. The conductor was furious and threw the boy, the press, the bottles and everything off the train.

Curioso, Thomas passou a interrogar o operador de telégrafos sempre que podia. O homem, então, decidiu dar aulas ao menino, que aprendeu o código Morse, construiu telégrafos artesanais e tornou-se telegrafista. Mais uma vez, Thomas provocou um acidente e quase explodiu o gabinete de telégrafo com seus instrumentos de laboratório.

Thomas was naturally curious and would ask the telegraph operator questions whenever he could. So the operator decided to give Thomas lessons. Thomas, in turn, learned Morse code, built custom telegraphs and became a telegraph operator himself. He once again caused an accident with his lab instruments and nearly blew up the telegraph room.

Thomas não teria aprendido tão rapidamente se não tivesse estudado e trabalhado com tanto afinco. Ele sempre colocava o coração e a mente no que estava aprendendo e não dormia mais do que cinco horas por noite quando estudava os pontos e travessões usados no envio de mensagens telegráficas.

Thomas would not have learned so quickly if he had not studied and worked with such diligence. He always threw his heart and mind into whatever he was learning and he never slept more than five hours a night while learning the dots and dashes used to send telegrams.

Entre suas muitas invenções, está uma ratoeira elétrica para caçar os ratos que apareciam na pensão onde ele morava. Em 1869, Thomas se mudou para Nova York e procurou emprego de telegrafista. Ele se aperfeiçoou tanto no recebimento de mensagens que conseguia escrever de 46 a 54 palavras por minuto, tornando-se o operador mais rápido dos Estados Unidos. Pouco depois, inventou uma máquina para a Bolsa de Valores.

Among his many inventions was an electronic mouse trap to catch the mice that showed up at the boarding house where he lived. In 1869 Edison moved to New York where he sought work as a telegraph operator. He became so skilled at receiving messages that he managed to write 46-54 words per minute, making him the fastest operator in the United States. Shortly thereafter he invented a machine for the Stock Exchange.

Se tentássemos citar suas invenções, os nomes por si só encheriam muitas páginas. Foram 1.093 invenções! Uma das primeiras permitia o envio de quatro mensagens ao mesmo tempo por meio de um fio telegráfico. Mais ou menos nessa época, ele inventou alguns aparelhos telegráficos e, com o dinheiro que recebeu, montou uma oficina para trabalhar.

If we were to list all of Thomas Edison's inventions, the names alone would take up many pages. He came up with over 1,093 inventions! One of his earliest inventions involved a way to send four messages simultaneously over a telegraph wire. At around the same time he invented some telegraphic devices and, with the money he made, set up a workshop.

Em 1888, Edison enviou para a Inglaterra seu primeiro fonograma de navio, que podia ser usado para escrever cartas simplesmente ditando as palavras, para fazer os relógios falarem as horas ou ser usado em brinquedos. Um minúsculo fonógrafo colocado dentro de uma boneca fazia com que ela "falasse".

In 1888 Edison sent the first naval phonograph to England. The phonograph could be used for dictation, to announce the time or to embed recordings in toys. A small phonograph placed inside dolls could make them "talk."

Thomas Edison é um dos precursores da revolução tecnológica do século XX e teve um papel fundamental na indústria do cinema. Popular por ter inventado a lâmpada, faleceu em 1931, aos 84 anos.

Thomas Edison was one of the forerunners of the technological revolution of the 20th century. He played a fundamental role in the movie industry and is popular for having invented the lightbulb. Edison died in 1931 at the age of 84.